KB175983

그림으로 읽는

제2차 세계대전 ①

제2차 세계대전의
서막

第二次世界大战史连环画库 1, 2, 3

Copyright ⓒ 中国美术出版总社连环画出版社, 2015; 绘画: 陈玉先 等
Korean translation copyright ⓒ Korean Studies Information Co., Ltd., 2016
Korean translation rights of《History of World War II》(33 Books Set)
arranged with China Fine Arts Publishing Group_Picture-Story Publishing House directly.

그림으로 읽는
제2차 세계대전 ①

초판인쇄 2016년 10월 10일
초판발행 2016년 10월 10일

글 우지더吳繼德, 정핑鄭平
그림 자오시웨이趙希瑋, 차오훙홍朝鴻, 위쯔룽兪子龍, 쑨샹양孫向陽, 둥즈쥔董治軍
옮긴이 한국학술정보 출판번역팀
번역감수 안쉐메이安雪梅

펴낸이 채종준
기 획 박능원
편 집 박미화, 이정수
디자인 이효은
마케팅 황영주

펴낸곳 한국학술정보(주)
주소 경기도 파주시 회동길 230(문발동)
전화 031 908 3181(대표)
팩스 031 908 3189
홈페이지 http://ebook.kstudy.com
E-mail 출판사업부 publish@kstudy.com
등록 제일산-115호 2000. 6. 19

ISBN 978-89-268-7468-4 94910
       978-89-268-7466-0 (전 12권)

그림으로 읽는
제2차 세계대전
①

제2차 세계대전의
서막

글·우지더(吳繼德) 외
그림·자오시웨이(趙希瑋) 외

이담
Books

전
역
별
지
도

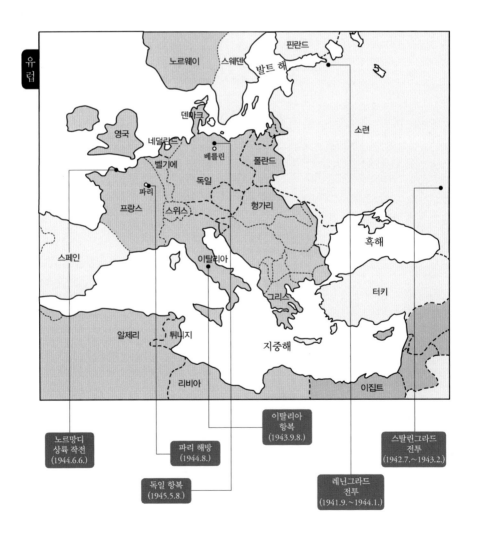

유
럽

노르웨이 스웨덴 발트 해 핀란드

덴마크

영국 네덜란드 소련

벨기에 베를린 폴란드

파리 독일

프랑스 헝가리

스위스 흑해

스페인

이탈리아

그리스 터키

알제리 튀니지 지중해

리비아 이집트

노르망디
상륙 작전
(1944.6.6.)

파리 해방
(1944.8.)

독일 항복
(1945.5.8.)

이탈리아
항복
(1943.9.8.)

레닌그라드
전투
(1941.9.~1944.1.)

스탈린그라드
전투
(1942.7.~1943.2.)

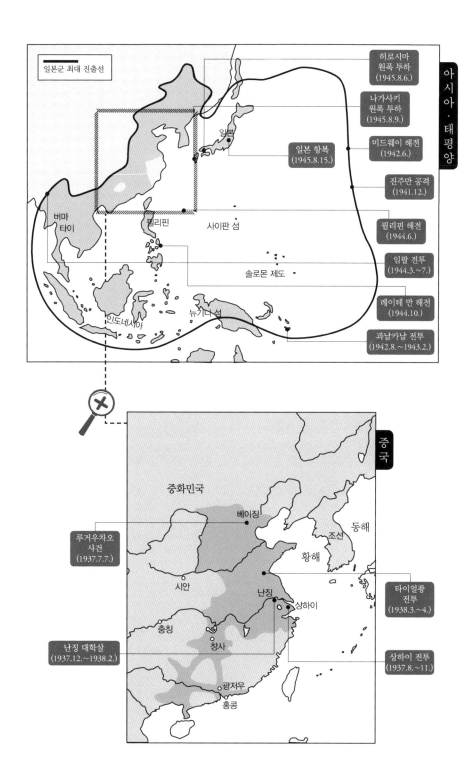

일본군 최대 진출선

아시아·태평양

히로시마
원폭 투하
(1945.8.6.)

나가사키
원폭 투하
(1945.8.9.)

미드웨이 해전
(1942.6.)

진주만 공격
(1941.12.)

필리핀 해전
(1944.6.)

임팔 전투
(1944.3.~7.)

레이테 만 해전
(1944.10.)

과달카날 전투
(1942.8.~1943.2.)

일본 항복
(1945.8.15.)

버마
타이

일본

필리핀

사이판 섬

솔로몬 제도

인도네시아

뉴기니 섬

중국

중화민국

베이징

루거우차오
사건
(1937.7.7.)

시안

난징

상하이

동해

조선

황해

타이얼좡
전투
(1938.3.~4.)

난징 대학살
(1937.12.~1938.2.)

충칭

창사

상하이 전투
(1937.8.~11.)

광저우

홍콩

머
리
말

1945년 9월 일본 군국주의의 '무조건 항복'으로 막을 내린 제2차 세계대전이 종식된 지도 40여 년이 지났다. 세계대전이라는 대참사를 겪은 사람들 대다수는 피비린내 나던 그 세월을 잊을 수 없을 것이다. 제2차 세계대전은 유럽, 아시아, 아프리카, 오세아니아 등을 휩쓸었으며, 당시 전 세계 인구의 4분의 3에 달하는 20억 이상이 전쟁에 휘말렸다. 정확한 통계는 어렵지만, 사망자는 대략 5천만 내지 6천만으로 제1차 세계대전과 비교해서 4배가 넘었으며, 전쟁에서 소모되거나 파괴된 자산은 무려 4천억 달러에 이른다. 주요 전장(戰場) 중 한 곳이었던 중국은 일본 파시즘과의 장기전에서 커다란 희생을 치르고 마침내 승리할 수 있었다. 이 승리는 광명이 암흑을 몰아낸 승리이자 정의가 불의를 이겨낸 승리였는데 평범치 않은 역사에는 뒷사람들이 기리는 빛나는 사적과 더불어 몸서리쳐지는 잔혹한 범죄들도 존재했다. 오늘날 이 모든 것은 한 가닥 연기처럼 사라져 기억 속의 옛 자취가 되었다. 그러나 이러한 역사가 되풀이되지는 않을까? 또다시 똑같은 참사가 발생하지는 않을까? 이와 같은 고민은 전쟁의 상처를 고스란히 떠안은 우리 세대와 평화를 사랑하고 정의를 추구하는 개개인이 진지하게 심사숙고해야 할 문제이다.

중국연환화출판사에서 발간한 『제2차 세계대전사 연환화고(連環畵庫)』는 더 많은 독자가 제2차 세계대전의 전반적인 역사를 이해하기 쉽도록 풍부한 그림과 글로 세계대전의 전체 과정과 그중 중요한 전투를 재현했다. 일찍이 루쉰(魯迅) 선생이 '계몽의 예리한 도구'라 극찬한 연환화(連環畵)*는 중화인민공화국 수립 이후 지난 40년간 신속한 발전을 가져와 대중들에게 중요한 정신문화로 자리 잡았다. 독자층이 넓어지고 제재도 풍부해지면서 형식과 표현에서 진일보한 연환화는 예술적 감상과 오락적 기능을 넘어 지식을 전달하거나 교육 자료로 이용되는 등 여러 방면에서 활용되고 있다. 아무쪼록 본 시리즈가 독자들이 역사적인 사실을 배우고 이해하는 데 도움이 되길 바라며, 전쟁 도발자들의 추악한 면모와 야욕을 알고 평화와 정의를 수호하는 일이 얼마나 위대한 것인가를 깨닫기 바란다.

1989년 12월

장웨이푸(姜維朴)

---

* 연환화(連環畵): 여러 폭의 그림으로 이야기나 사건의 전체 과정을 서술하는 회화를 말하며 연속만화, 극화(劇畵)라고도 한다. 20세기 초 상하이에서 발전하기 시작했으며 문학작품을 각색하거나 현대적인 내용을 제재로 한다. 간단한 텍스트를 엮은 후 그에 걸맞은 그림들을 그리는데, 보통 선묘를 위주로 하며 간혹 채색화도 있다.

차례

연
표

1929년
- ◉ 10.24. 뉴욕 증시 대폭락으로 세계 경제대공황 시작

1931년
- ◉ 09.18. 만주사변(~1932.02.18.), 일본 승리

1933년
- ◉ 01.30. 히틀러, 독일 수상에 취임
- 03.04. 루스벨트, 미국 대통령에 취임

1937년
- ◉ 07.07. 루거우차오 사건(~07.31.), 일본 승리
- 08.13. 상하이 전투(~11.26.)
- 12.13. 일본의 난징 점령과 대학살(~1938.02.)

1938년
- ◉ 03.12. 독일, 오스트리아 합병
- 03.24. 타이얼좡 전투(~04.07.), 중화민국 승리
- 09.30. 뮌헨 협정(영·프·독·이)

1939년
- ◉ 03.15. 독일 체코슬로바키아 해체, 병합
- 08.23. 독일·소련 불가침조약
- 09.01. 독일의 폴란드 침공으로 제2차 세계대전 발발
- 11.30. 소련 – 핀란드 겨울 전쟁(~1940.03.13.)

1940년
- ◉ 05.10. 처칠, 영국 총리에 취임
- 05.26. 영·프 연합군의 됭케르크 철수(~06.03.)
- 09.27. 독일·이탈리아·일본 3국 동맹

1941년
- ◉ 06.22. 독일의 소련 침공으로 독소전쟁 발발
- 09.08. 레닌그라드 전투(~1944.01.27.), 소련 승리
- 12.07. 일본의 진주만 공습(태평양전쟁 발발)

1945년
- ◉ 02.19. 이오 섬 전투(~03.26.), 미군 승리
- 03.10. 미국의 일본 도쿄 대공습
- 04.01. 오키나와 전투(~6.23.), 미군 승리
- 04.28. 무솔리니 공개 처형
- 04.30. 히틀러 자살
- 05.08. 독일 항복
- 08.06. 히로시마 원자폭탄 투하
- 08.09. 나가사키 원자폭탄 투하
- 08.15. 일본 항복

1944년
- ◉ 03.08. 임팔 전투(~07.03.), 연합군 승리
- 06.06. 노르망디 상륙 작전
- 06.11. 사이판 전투(~07.09.), 미군 승리
- 06.19. 필리핀 해전(~6.21.), 미군 승리
- 08.26. 파리 해방
- 10.23. 레이테 만 해전(~10.26.), 연합군 승리
- 09.15. 펠렐리우 전투(~11.27.), 미군 승리
- 12.16. 벌지 전투(~1945.01.25.), 연합군 승리

1943년
- ◉ 09.08. 이탈리아 항복
- 11.22. 카이로 회담(1차 11.22.~26. / 2차 12.02.~07.)

1942년
- ◉ 01.31. 싱가포르 전투(~02.15.), 일본 승리
- 06.04. 미드웨이 해전(~06.07.), 미군 승리
- 07.17. 스탈린그라드 전투(~1943.02.02.), 소련 승리
- 08.07. 과달카날 전투(~1943.02.09.), 연합군 승리

아돌프 히틀러(Adolf Hitler, 1889.4.20. ~ 1945.4.30.)
독일 노동자당(후일 나치스)에 입당해 군인에서 정치인
으로 변모한 후 뛰어난 웅변술과 선동으로 당세를 넓
혀, 1934년, 국가 원수가 됐다. 1939년 9월 1일, 폴란
드를 침공함으로써 제2차 세계대전을 일으켰고, 유태
인 말살 정책 등 참혹한 전쟁 범죄를 저질렀다. 전쟁
초기에는 유럽 대부분을 점령했으나 연합군과의 전
쟁, 스탈린그라드 전투에서 패한 후 패색이 짙어지자,
1945년 4월 30일, 베를린에서 자살했다.

네빌 체임벌린(Arthur Neville Chamberlain, 1869.3.18. ~ 1940.11.9.)
1937년, 영국 총리로 선출되어, 주변국을 위협하는 독
일 문제를 외교적으로 해결해보고자 유화 정책을 펼쳤
다. 그러나 6개월 만에 뮌헨 협정이 깨지고 히틀러가 폴
란드를 침공하자 독일에 선전 포고를 하며 강경책으로
돌아섰다. 하지만 노르웨이 작전이 실패로 끝나자 그 책
임을 지고 총리직에서 물러났다.

장제스(蔣介石, 1887.10.31. ~ 1975.4.5.)
국민 정부 주석으로 1930년부터 중국 공산당 섬
멸 작전을 실시했다. 일본의 침략에도 대응하지
않고, 공산당과의 내전에만 신경을 썼으나, 항일
여론이 높아지고 시안(西安) 사건을 계기로 제2차
국공합작이 이뤄지면서 전면적인 항일전에 나섰
다. 일본의 항복 후, 다시 내전을 개시했으나, 공
산당에 밀려 1949년 타이완으로 정부를 옮겨 중
화민국의 총통이 됐다.

마쓰이 이와네(松井石根, 1878.7.27. ~ 1948.12.23.)
중국통으로 활약하며 다나카 일본 수상과 장제스 간의
회담을 성사시키는 등 중·일 간 연대를 위해 노력했
다. 그러나 중일전쟁 발발 이후 상하이 전투에 사령관
으로 파견됐고, 난징 점령 후 그의 휘하 일본군이 대학
살을 자행했다. 종전 후 난징 대학살을 제지하지 못했
던 것과 관련해 전범으로 기소돼 사형당했다.

1939년에 발발한 제2차 세계대전은 전쟁의 불길이 유럽, 아시아, 아프리카, 오세아니아 및 4대양을 휩쓸었으며, 주요 전장으로는 중국, 유럽, 소련 - 독일, 북아프리카, 남아시아, 태평양 전장이 있다. 본 시리즈는 체계적으로 각 전장의 주요 전역(戰役)을 소개한 것이다.

그 첫 장 '유럽 · 아시아에 형성된 전쟁의 기류'는 제2차 세계대전의 배태기를 서술한 것으로, 세계전쟁이 벌어진 것이 결코 우연이 아니었음을 말해준다. 1930년대 당시 경제 위기가 자본주의 사회를 강타하면서 전쟁 요인이 급증하여 유럽 · 아시아 두 곳에 전쟁 책원지(策源地)가 형성되고, 인류는 끝내 유례없는 전쟁의 소용돌이에 휘말리게 된다.

글·우지더(吳繼德)

그림·자오시웨이(趙希瑋)··차오훙(朝鴻)

그림으로 읽는 제2차 세계대전 **1**

제2차 세계대전의 서막

유럽·아시아에 형성된
전쟁의 기류

1

1929~1933년 사이 자본주의 국가에서는 은행 도산, 기업 파산, 농지 황폐화 등 전체 자본
주의 사회를 강타하는 경제대공황이 발생해 대중을 도탄에 빠뜨렸다. 이와 함께 국가 내부
의 계급 모순이 더욱 심화됐다.

경제 위기는 자본주의 국가 간의 관계도 악화시켰다. 그들은 서로 군비 확장을 하고 새로
운 무기를 생산하며 세력 범위를 재분할하기 위해 세계전쟁을 준비했다.

이번 경제 위기는 특히 국내외적으로 재정과 자본의 압박을 받던 독일에 더욱 더 큰 타격을 주었다. 불경기 때문에 대다수 공장이 도산돼 실업 노동자는 800만 명에 달했으며, 수많은 농민들이 파산해 곤란을 겪어야 했다. 국민 소득은 급감했고 노동자·농민 계급은 들고일어나 생존을 위한 투쟁에 나섰다.

마찬가지로 경제 위기는 자원이 부족하고 국내시장 규모가 작은 일본에도 엄청난 타격을 주었다. 1931년 일본 실업자 수는 300만 명에 달했고, 농민들은 고향을 등지고 떠돌이 신세가 되면서 노동자·농민 투쟁이 전국으로 퍼져나갔다. 일본 군국주의는 이 기회를 빌려 대외 확장을 꾀했다.

1927년, 다나카(田中) 일본 수상은 천황에게 "중국을 정복하려면 만주와 몽고를, 세계를 제패하려면 중국을 반드시 정복해야 합니다"라는 글을 올렸다. 이리하여 일본은 먼저 중국 침략의 길로 들어섰다.

1931년 9월 18일 저녁, 일본군 공병들이 중국 둥베이(東北) 선양(瀋陽) 외곽 베이다잉(北大營) 부근의 류탸오거우(柳條溝) 구역 철도 일부를 파괴하고 '9·18'사변을 조작했는데, 이는 일본이 침략의 길에 들어섰음을 공개적으로 알리는 동시에 이곳이 극동전쟁의 출발지임을 말해준다.

사변이 일어난 다음 날 이른 새벽, 일본군은 무력으로 중국 둥베이군(東北軍)의 주둔지인 베이다잉을 점거했다. 같은 날, 일본군은 선양 성(沈陽城)을 점령하는 동시에 창춘(長春), 쓰핑(四平), 궁주링(公主嶺) 등지의 중국 병영을 공격했다.

며칠 뒤, 일본군은 지린 성(吉林省) 성 소재지 및 지창(吉長), 지둔(吉敦), 랴오위안(遼源), 쓰탸오(四洮) 등의 철도선을 점령했다. 일주일도 안 되는 사이 랴오시(遼西)를 제외한 랴오닝(遼寧), 지린 전부가 일본군에 함락됐다.

1932년 3월, 일본은 중국 둥베이 지방에 폐위됐던 청 왕조의 마지막 황제 푸이(溥儀)를 수반으로 한 '만주국(滿洲國)' 괴뢰 정권을 수립하고는 더욱 거리낌 없이 파시즘 통치를 시작했다.

절체절명의 국가위기 상황에서 중국공산당은 즉시 일본 제국주의 침략 반대, 대일 작전 선포 및 이와 같은 내용의 공개전보를 전국에 발송하고 "민족혁명 전쟁으로 일본 제국주의를 몰아내자"는 주장을 펼쳤다.

도시의 노동자, 학생들이 농촌에 내려가 농민들과 함께 중국공산당이 이끄는 항일 유격대를 구성함으로써 중국 둥베이 각지에서는 많은 무장 투쟁이 일어났다.

철수하지 않은 일부 둥베이군은 둥베이의용군으로 재편되어 항일 전쟁을 펼쳤다. 1932년에는 마잔산(馬占山) 등이 이끄는 둥베이의용군이 랴오닝, 지린 등 성(省)의 도시를 30여 차례나 습격하고 선양과 하얼빈(哈爾濱)의 비행장, 푸순(撫順) 발전소 등을 파괴했다.

1934년, 둥베이의 항일 대오는 중국공산당에 의해 통일된 둥베이항일연군으로 재구성됐고, 양징위(楊靖宇), 저우바오중(周保中), 리자오린(李兆麟) 등의 선두 지휘 아래 더욱 체계적으로 일본군에 저항함으로써 창바이 산(長白山) 기슭, 쑹화 강(松花江) 강변에는 항일의 불길이 타올랐다.

항일연군 애국 전사들은 피로써 수많은 영웅 서사시를 써내려갔는데 양징위 장군이 순직한 후 저우바오중의 지도 아래 지속적으로 저항해 일본군이 만주를 넘어 중심 지역으로 진입하는 것을 견제했다.

1933년 1월 30일, 당시 바이마르공화국 대통령이자 전(前) 제국원수였던 힌덴부르크가 노동자의 민주와 자유를 박탈하고 마르크스주의와 노동자운동을 뿌리째 뽑아내자고 공공연히 주장하는 독일 나치당 당수 히틀러를 총리로 임명함으로써 독일에는 파시즘 정권이 수립됐다.

히틀러의 집권은 유럽전쟁의 책원지가 형성됐음을 말해준다. 2월 1일, 히틀러는 내각회의를 열고 공산당을 처리하기 위한 대책을 논의했다. 회의에서 히틀러는 "공산당이 최대의 적"이라고 부르짖었고, 이튿날 곧바로 공산당 시위운동 금지를 선포했다.

2월 27일 저녁, 나치 2인자 괴링이 충격적인 '국회의사당 방화사건'을 획책했다. 그는 자신의 관저에서 국회의사당에 이르는 비밀통로로 선봉대원들을 파견해 국회의사당에 불을 지르고 공산당에게 그 죄를 덮어씌웠다.

두 시간 뒤, 파시스트들은 공산당원과 진보 인사들을 대대적으로 체포하는 동시에 대학살을 감행했다. 당일 저녁에만 만 명에 달하는 반나치인사가 체포됐고, 곧이어 6, 7만 명으로 늘어나면서 전체 독일이 공포에 휩싸였다.

이와 함께 히틀러는 대외침략 정책을 본격적으로 추진하면서 미친 듯이 군비 확장에 힘을 쏟았는데, "버터보다는 대포"라는 반동 구호를 내걸고 12개 군단, 36개 사단의 50만 대군을 양성하려고 계획함으로써 공공연히 '베르사유 조약'의 독일 군비 제한 조항을 파기했다.

독일 공군은 급속하게 재건됐으며 나치 2인자 괴링은 "공군은 이미 영국과 어깨를 나란히 한다"라고 외쳤다. 또한 해군의 숫자도 배로 증가했고 비밀리에 1만톤급 순양함 2척을 건조했다.

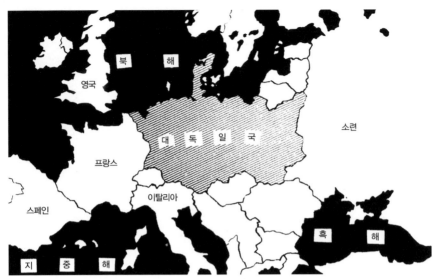

이와 동시에 파시스트들은 침략을 옹호하는 여론을 형성했다. 그들은 네덜란드, 오스트리아, 폴란드 등 국가를 모두 포함시킨 '대독일' 지도를 그려 여관, 기차역 등 곳곳에 널리 퍼뜨렸다.

한편, 이탈리아 파시스트도 아프리카에서 전쟁을 일으켰다. 1935년 10월, 이탈리아 파시스트당 당수 무솔리니는 30만 대군을 파견해 오래전부터 관심을 가져왔던 아프리카 동부의 아비시니아(현재 에티오피아)를 침략했다.

아비시니아의 국민과 군대는 일제히 일어나 침략군에 저항했다. 비록 투창, 보총, 방패 등 원시적인 무기뿐이었지만 그들은 굳은 의지로 이탈리아군에 완강하게 대적했다.

아비시니아의 수많은 군중들은 후방에서 식량을 숨기고 우물을 메우는 등의 방법으로 적군을 곤경에 빠뜨렸다. 그러나 현저한 군사력의 차이로 인해 끝내 이탈리아에 병탄되고 말았다.

극동의 일본 군벌도 군부 파시즘 독재 정치 확립을 가속화했다. 1936년 2월 26일 이른 아침, 파시스트 아라키 사다오(荒木貞夫)가 이끄는 일본 육군 소장파(少壯派)들이 도쿄에서 군사정변을 일으켜 총리 관저, 경시청 등 정부기관을 습격했다.

일본의 사이토 마코토(齋藤實) 전(前) 총리, 다카하시 고레키요(高橋是淸) 재무장관, 와타나베 조타로(渡邊錠太郎) 육군 교육총감이 살해되고 스즈키 간타로(鈴木貫太郎) 천황 시종장은 중상을 입는 등 도쿄 전체에 피바람이 휘몰아쳤다.

사건 발생 후, 도조 히데키(東條英機)가 이끄는 육군 '통제파'가 군대 숙청을 빌미로 삼아 군부의 주도권을 장악했다. 3월, 일본은 히로타 고키(廣田弘毅) 내각을 구성했다. 파시스트로서 군벌과 밀접한 관계가 있던 히로타의 집권은 일본 군부 파시즘 정권이 수립됐음을 말해준다.

일본 군부 파시즘의 수립은 독일을 더욱더 부추겼다. 1936년 3월 7일 이른 아침, 독일군은 3개 대대를 선두부대로 하여 공공연히 라인 강 비무장지대를 점령했다. 이때 맞은편 기슭에 있던 프랑스군은 대응하지 않았다.

8월 7일, 일본 내각은 '오상회의(五相會議)'에서 '국책기준(國策基準)'을 통과시켜 금후 일본의 외교와 국방은 상호 협조하여 동아시아 대륙에서 일본제국의 지위 확보에 힘쓰며 나아가 남방 해양으로 확대시켜 나갈 것임을 규정했다. 이로써 일본의 총체적 전략 계획이 결정됐다.

11월 25일, 일본과 독일은 '반공산 국제협정'을 체결하고 도쿄 - 베를린 추축을 형성했다. 그 뒤 일본은 독일의 지지를 등에 업고 중국에 대대적으로 증병했다. 1936년, 중국 둥베이의 일본군 총 병력은 원래의 4배를 넘어섰고, 화포, 비행기, 탱크의 수도 몇 배나 증가했다.

1937년 6월 30일, 일본 귀족원 의장이자 공작인 고노에 후미마로(近衛文麿)가 제1차 고노에 내각을 구성했다. 고노에 내각의 구성은 일본의 중국 침략전쟁이 눈앞으로 닥쳐왔음을 말해준다.

고노에 내각이 구성되고 사흘째 되던 날, 도조 히데키 일본 관동군 참모장은 정부에 "대소련 전쟁을 고려하고 현재 중국 형세에 근거해 반드시 즉각 중국 국민정부를 타격해야 한다"라고 건의했다.

일본 군부는 계략을 꾸몄다. 1937년 7월 7일 저녁, 평진(平津) 지역에 주둔하고 있던 일본 군은 중국 지방당국에 통지하지 않고, 베이핑(北平, 현재 베이징) 서남쪽 루거우차오(盧溝橋)에서 이북으로 1km 떨어진 룽왕먀오(龍王廟, 중국 제29군 37사단 주둔지) 부근에서 소위 군사 훈련을 진행했다.

그날 저녁 10시 30분, 연습을 마친 일본군은 갑자기 병사 1명이 실종됐다면서 완핑 현(宛平縣)에 들어가 수색할 것을 요구했다.

완핑 현 중국 주둔군은 즉각 거절했다. 일본군은 이를 빌미로 루거우차오를 포격하는 동시에 중국 주둔군을 향해 사격했다. 여기에 중국군이 대응 사격하면서 중일 간 새로운 전쟁이 발발했고 제2차 세계대전의 서막이 열렸다.

루거우차오 사건이 발발한 이튿날, 중국공산당 중앙위원회(이하 '중공중앙') 지도자 마오쩌둥(毛澤東), 주더(朱德) 등은 즉시 대국민 항전선언을 발표했고, 7월 15일, 국민당에 '중국공산당 국공합작 선언 공포에 관하여'를 보내 중국 동포와 군대들이 단결해 국공 통일 전선을 구성하고 함께 일본 침략에 저항할 것을 호소했다.

8월 13일, 일본은 또 다른 이유로 상하이를 공격하면서 중국과의 전면전에 돌입했다. 11월 6일, 일본은 독일, 이탈리아 파시즘과 '삼국 협정'을 체결했고 이탈리아가 정식으로 일·독 '반공산 국제협정'에 가입하면서 추축국 침략 집단을 구성했다.

독일·이탈리아·일본 3국이 조약을 맺은 후 히틀러는 전 세계에 공표했다. "세계 3각축이 형성됐다. 이는 미약한 그림자가 아닌 3개 대국으로 이루어진 것이다. 그들은 자신들의 권리와 이익을 위해 투쟁할 것이다!"

곧이어 히틀러는 3군 총사령관에 기밀지시를 내려 무장부대에 프랑스 침공에 대비한 '황색 작전', 체코슬로바키아를 급습하는 '녹색 작전', 오스트리아를 병합하는 '오스트리아 합병 작전' 등 여러 가지 전쟁 준비를 하게 했다.

오스트리아는 유럽의 전략 요충지이다. 오스트리아를 점령할 경우 즉시 3면에서 체코슬로바키아를 포위해 동남유럽과 발칸 반도의 대문을 열 수 있었다. 이런 이유로 히틀러는 유럽전쟁의 첫 코스로 오스트리아를 선택했다.

영국, 미국, 프랑스는 히틀러의 오스트리아 침략 의도에 대해 용인하는 태도를 취했다. 영국 정부는 "독일의 입장에서 오스트리아 문제 해결의 중요성을 충분히 이해한다"라고 표했고, 쇼탕 프랑스 총리 역시 동의를 표했다. 브릿 주프랑스 미국 대사 역시 베를린을 방문하면서 이에 대해서는 침묵했다.

기타 서양 국가들의 나약한 태도를 인식한 히틀러는 오스트리아 침략을 가속화했다. 그는 오스트리아에서 두 사람이 문제를 일으키고 있는데 오스트리아 정부가 제어하지 못해 독일의 안전에 위협을 준다는 것을 구실로 삼아, 1938년 2월, 독일ㆍ오스트리아 경계선에 25만 군대를 집결시켜 오스트리아를 위협했다.

2월 12일, 히틀러는 오스트리아의 슈슈니크 총리와 슈미트 외무장관을 독일·오스트리아
변경에 있는 베르히테스가덴 별장에 '모셔다' 놓고 회담을 가졌다. 히틀러는 무슨 방법을
써서라도 반드시 오스트리아 문제를 해결하라고 강요했다. 슈슈니크와 슈미트의 거부로
오전 회담은 아무런 성과 없이 끝났다.

오후가 되어, 리벤트로프 독일 외무장관이 슈슈니크에게 오스트리아를 배반하는 내용의
'합의문 초안'에 서명할 것을 강요했다. 슈슈니크는 어쩔 수 없이 오스트리아로 돌아가 대
통령이 서명하도록 설득하겠다고 약속했다.

히틀러는 국회 연설에서도 오스트리아에 지속적으로 압력을 가했다. 그는 "오스트리아와 체코슬로바키아에 있는 게르만인을 보호하는 것은 독일의 책임이다"라고 분명하게 밝혔다.

2월 21일, 체임벌린 영국 수상은 "영국은 오스트리아의 독립을 보장하는 어떤 의무도 담당하지 않는다"라는 입장을 발표했다. 이는 독일 파시즘에 대한 방임이자 오스트리아에 대한 배신이었다.

3월 11일, 히틀러는 오스트리아 침공에 관한 '오스트리아 합병 작전' 제1호 지령을 내리고, 곧이어 오스트리아에 최후통첩을 해 슈슈니크를 사직시키고 친나치 인사인 자이스 잉크바르트를 총리로 임명하지 않으면, 25만 독일군이 당일 오후 7시 30분에 오스트리아로 진군할 것임을 알렸다.

독일의 강압에 의해 슈슈니크가 물러났지만 빌헬름 미클라스 오스트리아 대통령은 자이스 잉크바르트를 총리로 임명하지 않았다. 이에 독일은 오스트리아 파시스트들에게 지시해 총리 관저를 점거하고 정권을 빼앗게 했다. 자이스 잉크바르트는 총리의 명의로 독일에 긴급 구원을 요청했다.

그날 저녁, 독일의 첫 번째 군대가 오스트리아 '합법' 정부의 요청을 받아 오스트리아로 출동했고, 이튿날에는 독일군이 오스트리아에 대거 진군해 들어갔다.

히틀러의 명령에 따라, 슈투카르트 독일 내무부 차관은 오스트리아를 독일의 1개 성(省)으로 병합하는 내용의 '법률 초안'을 새로 수립된 오스트리아 정부에 건넸다. 자이스 잉크바르트는 그 자리에서 서명해 이를 받아들였고, 이에 따라 독립적인 오스트리아는 사라졌다.

오스트리아를 점령한 후 독일은 유대인과 현지 주민에 대한 살상을 자행했다. 게슈타포 책임자인 하인리 힘러는 다뉴브 강 북쪽 기슭에 수용소를 설치해 수많은 사람들을 감금했으며, 적잖은 사람들이 이곳에서 살해됐다.

같은 시기, 동양의 일본 파시즘은 중국에서 침략전쟁을 적극적으로 벌이고 있었다. 1938년 3월, 일본군은 난징(南京), 우후(蕪湖), 전장(鎭江)에서 세 갈래로 나눠 도강한 후 북상해, 화베이(華北)에서 남하하는 일본군과 함께 쉬저우(徐州)를 협공함으로써 진푸(津浦) 철도를 강점하려 했다.

리쭝런(李宗仁) 장군이 지휘하는 국민당 군대는 쉬저우에서 일본군과 격전을 벌였는데, 쉬 저우 외곽 타이얼쫭(臺兒莊)에서 일본군 정예부대인 이소가이(磯谷), 이타가키(板垣) 사단 주 력 2만여 명을 섬멸했다. 타이얼쫭 전투는 중국 전 국민의 사기를 북돋웠다.

우한야전사령부

광저우시정부

국민당이 착오적인 국부(局部) 항전노선을 취했기에 타이얼쫭에서의 승리가 전세를 돌려 놓지는 못했다. 쉬저우, 광저우(廣州), 우한(武漢)이 잇따라 함락됐고 형세는 더욱 악화됐다.

같은 시기, 독일은 유럽 전장에서 더욱 기세등등했으며 당시 오직 소련만이 독일의 침략 행위를 비난했다. 소련의 몰로토프 외무장관이 정부를 대표해 영국, 프랑스 등의 국가 대표를 만나 급변하는 정세에 따른 필요한 조치를 논의하려 했으나, 영국, 프랑스 등은 이를 거절했다.

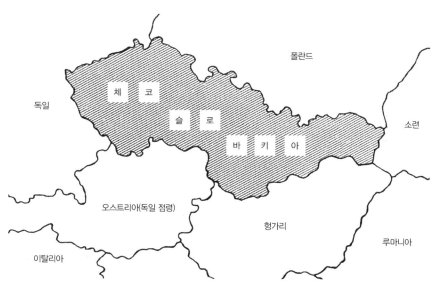

이 같은 상황에서 히틀러는 다음 침략 목표인 체코슬로바키아로 눈길을 돌렸다. 유럽 중심에 위치한 체코슬로바키아는 자원이 풍부하고 공업이 발달해 히틀러가 탐낸 지 오래된 지역이다. 히틀러는 독일과 인접한 수데텐란트에 집단으로 거주하고 있는 300만 게르만인을 침략의 빌미로 삼았다.

수데텐란트에는 히틀러가 만든, 콘라트 헨라인을 총수로 한 '게르만인당'이 있었다. 히틀러는 헨라인을 베를린으로 불러들여 분쟁을 일으킨 후 체코슬로바키아에 '받아들일 수 없는 요구'를 제의하라고 비밀리에 지시했다.

헨라인은 즉시 체코슬로바키아 중앙 정부에 수데텐란트의 '자치'를 주장했고, 소식을 전해 들은 체코슬로바키아 국민들은 들고일어나서 정부에 헨라인 일파를 진압할 것을 요구했다. 헨라인은 급히 독일로 도망쳤다.

이에 히틀러는 체코슬로바키아를 침략하는 '녹색 작전'을 지시하고, 독일과 체코슬로바키아 국경에서 여러 차례 군사훈련을 실시하도록 군대에 명령했다. 동시에 영국과 프랑스에 대해서는 전쟁으로 위협하면서 영국 수상의 유화 정책을 이용해 침략 계획을 실현하려 했다.

영국과 프랑스는 유럽전쟁에 휘말리는 것이 두려워 체코슬로바키아에 압력을 가했다. 8월 3일, 체임벌린 영국 수상은 대자본가 런시먼 경을 프라하에 파견해 체코슬로바키아 정부가 수데텐란트 지역 게르만인당과 독일 히틀러의 무리한 요구를 수락하도록 설득했다.

히틀러는 무력으로 위협하는 동시에 일부러 새로운 메시지를 전하기도 했다. 8월 24일, 히틀러는 국회에서 "만약 체코슬로바키아에 대한 요구만 충족된다면 더는 바람이 없으며 영국, 프랑스와 광범위하게 협정을 맺을 것이다"라고 했다.

이 소식을 전해들은 체임벌린은 즉시 내각회의를 소집해 "히틀러를 런던으로 초청해 황제 폐하와 함께 런던을 유람하게 할 것이다"라고 말했다.

9월 12일 저녁, 수데텐란트 지역 게르만인당이 반란을 일으켰고 때맞춰 독일군은 독일과 체코슬로바키아 국경 지역에 대규모로 이동했다.

이튿날 저녁, 체임벌린은 핍스 주프랑스 영국 대사, 달라디에 프랑스 총리와 긴급 논의를 거친 후, 밤 11시쯤 독일에 긴급 전보를 띄워 히틀러와의 회견을 제의했다. 15일, 체임벌린은 독일에서 히틀러와 회담을 하고 체코슬로바키아의 수데텐란트 지역을 독일에 할양하는 것에 동의했다.

이튿날, 체임벌린은 런던으로 돌아와 내각회의를 소집하고 현재는 수데텐란트 지역을 독일에 할양하는 데 동의해야만 히틀러의 체코슬로바키아 침공을 막을 수 있다고 말했다. 달라디에 프랑스 총리도 런던으로 달려와 함께 협의한 결과 양국은 강압적으로 체코슬로바키아를 굴복시키기로 했다.

체코슬로바키아 국민들은 히틀러의 무리한 요구에 강력하게 반대했으나, 베네시 체코슬로바키아 대통령은 영·프의 압력에 굴복해 그날 바로 전 국민을 향해 "우리는 다른 선택이 없습니다. 우리는 버림받았습니다"라고 성명을 발표했다.

격분한 체코슬로바키아 국민은 즉시 전국적인 동맹 파업과 시위행진을 벌였으며, 수도 프라하의 바츨라프 광장에 모여 구호를 외치면서 항의했다.

체임벌린은 체코슬로바키아의 입장을 무시한 영·프의 안건을 가지고 독일 가파스에서 히틀러와 재차 회담을 진행했다. 히틀러는 또다시 체코슬로바키아에서 독일어를 사용하는 모든 지역을 독일에 할양할 것을 요구했고, 체임벌린은 또다시 굴복했다.

27일, 히틀러는 독일군 7개 사단을 체코슬로바키아 국경으로 이동시키고, 반드시 9월 30일 '녹색 작전'에 따라 움직일 수 있도록 준비할 것을 명령했다.

27일 저녁, 체임벌린은 전쟁 동원령을 선포했다. 참호를 파고 등화관제(燈火管制)를 실시했으며 고사포를 배치하고 학교와 병원을 교외로 분산시키는 등을 연출했는데 실은 전쟁 분위기를 조성해 영국 국민을 겁주려는 것이었다.

영국, 프랑스, 독일, 이탈리아의 4개국 정상이 뮌헨에 있는 독일 원수 관저에서 회담을 가졌다. 체임벌린, 달라디에, 히틀러, 무솔리니 및 그 수행원들마저 모두 회담에 참석했으나, 체코슬로바키아의 두 대표는 회담장 밖에서 조국의 운명에 대한 판결을 기다려야만 했다.

30일 새벽, 4개국 정상은 체코슬로바키아의 수데텐란트를 독일에 할양한다는 '뮌헨 협정'에 조인했다. 체코슬로바키아 대표들은 이는 상소할 수도, 수정할 수도 없는 협정임을 통지받았다. 체코슬로바키아는 철저히 배신당한 것이다.

9월 30일 아침, 체임벌린은 서둘러 히틀러와 '영·독 선언'을 체결했다. 히틀러는 영국의 경계를 늦추고 평화를 연출하기 위해 선언서에 흔쾌히 사인했다.

한편, 아시아에서 일본군은 중국의 영토를 마구 짓밟고 있었다. 그러나 침략전쟁이 확대됨에 따라 중국 국민의 항일 역량도 날로 강해졌다. 팔로군(八路軍), 신사군(新四軍) 및 기타 군대들은 일본군에 강력한 타격을 입히는 동시에 적의 후방에 항일 근거지를 세우고 광활한 후방 전장을 개척했다.

중국 항일 무장부대는 일본군을 교통 요충지와 일부 고성(孤城)에 몰아넣고 포위함으로써 일본군은 수세에 몰리게 됐다. 이 시기, 해방구*가 주요 전장이었고 중일전쟁은 전략적 대치 단계에 들어섰다.

*해방구(解放區): 〈역사〉 중국 혁명의 과정에서 공산당 정권이 통치한 지구

1939년, 하하 체코슬로바키아 대통령은 히틀러의 강압적인 요구를 받아들여 슬로바키아의 독립을 선포했다. 3월 15일, 또다시 독일은 체코를 강제로 병합하고 독일군 24개 사단을 프라하로 진군시켰다. 이로써 독립된 체코슬로바키아는 세계지도상에서 잠시 자취를 감추게 됐다.

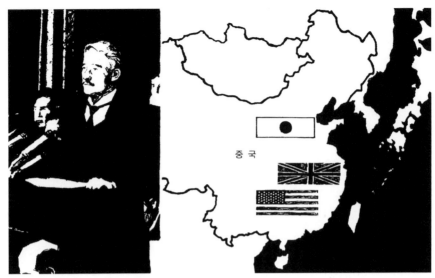

1939년, 영국과 미국은 태평양 회담 소집을 공개적으로 요구했다. 체임벌린은 일본과 함께 중국을 나누고 타협하려는 의도로, 중국 창장 강(長江) 이북은 일본의 세력 범위이고, 창장 강 이남은 영국과 미국의 세력 범위임을 거듭 강조했다.

영국은 일본에 양보하기로 결정했다. 7월 2일, '크레이기 · 아리타 협정'을 체결하고, 영국은 중국의 현 상황과 중국에 있는 일본군의 특수한 요구를 승인하며, 일본군이 중국 항일 세력을 진압하고 제거할 권리가 있음을 선언했다. 이렇게 영국은 뮌헨에서의 유화 정책을 극동에까지 확대시켰다.

미국의 극동 정책 역시 중국의 이익을 희생하고 일본을 부추겨 극동에서의 반소반공(反蘇反共) 보루를 만듦으로써 일본과 함께 극동을 제패하는 것이었다. 그리하여 미국은 일본을 타격하기는커녕 오히려 석유, 강철 등 물자를 지속적으로 일본에 수출했다.

1939년 9월 1일

독일 · 이탈리아 · 일본의 파시즘에 대한 영국 · 미국 · 프랑스 등의 지지와 묵인 아래, 1939년 9월 1일, 독일은 폴란드를 급습했고 동서양의 주요한 두 전장이 형성됐다. 이에 따라 전 세계의 평화를 수호하기 위해 반파시즘 투쟁이 시작됐고, 전례 없는 규모의 세계대전이 전면적으로 폭발했다.

일본 제국주의는 중국 둥베이 3성을 강점한 후 더 나아가 화베이를 넘보면서 전 중국을 병탄하려 했다. 1937년 7월 7일 밤, 베이핑(北平, 현재 베이징) 펑타이(豊臺)에 주둔하고 있던 일본군이 군사훈련 중에 병사 1명이 '실종'됐다는 것을 빌미로 완핑 성(宛平城)에 들어가 수색할 것을 요구했다. 중국 측이 이를 거절하자 일본군은 완핑 성 서쪽에 있는 루거우차오(盧溝橋)를 공격했고, 이에 중국 주둔군 제29군이 반격하면서 중·일 전면전이 시작됐다. 중국 공산당은 옌안(延安)에서 전 국민이 일치단결해 항전할 것을 호소하면서 제2차 국공(국민당·공산당)합작을 추진했다. 중일전쟁의 발발은 제2차 세계대전의 서막이 시작됐음을 의미한다.

글 · 우지더(吳繼德)
그림 · 위쯔룽(兪子龍)

그림으로 읽는 제2차 세계대전 **❶**

제2차 세계대전의 서막

중일전쟁의 발발

2

일본이 '다나카(田中) 상주문(上奏文)'의 침략 계획에 따라 중국 등베이 3성을 강점한 후, 화베이의 형세는 날로 긴박해졌다. 군국주의 일본은 화베이를 겸병하고 나아가 전 중국을 병탄한 후, 소위 '대동아공영권(大東亞共榮圈)'을 수립해 동아시아 및 동남아시아 전역의 주요 자원과 노동력을 수탈하려 했다.

일본 정부는 군비를 확충하고 군사 기술과 장비를 개선하는 한편, 전차부대, 기계화부대 및 화학무기부대 등 현대화된 부대를 구성하고, 더 나아가 국민 경제를 군사 궤도에 올려놓았다.

이와 함께 군대에서 파시즘을 추진했으며, 대대적으로 '무사도 군인정신'과 '육탄공격법 (육체를 '무기'로 하여 전투를 치르는 것)'을 주입하고 고취시켜 일본군이 더욱 침략성, 야만성을 띠게 했다.

일본은 자국 국민을 대상으로도 광범위하게 전쟁과 파시즘 군국주의를 가르쳤는데, 심지어 초등학교 교과서에마저 "전진, 전진, 군대가 전진하고 있다"라고 하는 침략전쟁을 노래한 문장이 있었다.

1933년 초, 일본은 군비 확충과 함께 중국의 러허(熱河), 차하얼(察哈爾)과 화베이 기타 지역으로 침략을 넓혀가기 시작했다. 1월 3일, 일본군은 수백 명 군사로 손쉽게 중국 창청(長城)의 주요 길목인 산하이관(山海關)을 점령했다.

2월 21일, 일본은 수천 명의 일본군을 중심으로 9만여 명의 괴뢰군을 앞세워 세 방향에서 러허[현재 허베이 성(河北省) 동북부, 랴오닝 성(遼寧省) 남부, 네이멍구 자치구(内蒙古自治區) 동남부 지역]를 공격하기 시작했다. 북쪽으로 카이루(開魯), 가운데로 차오양(朝陽), 남쪽으로 링위안(凌源)을 공격하면서 화베이에 대한 시험적 공격을 진행했다.

당시 장제스(蔣介石) 국민당 정부는 여전히 일본에 대해 부저항 정책을 취하면서 중국공산당과 중국 공농홍군(工農紅軍)을 숙청하는 데만 집중했다. 장제스는 "외적을 물리치려면 내부부터 안정돼야 한다", "나라를 구하려면 반드시 공산당부터 숙청해야 한다"라고 주장하며 반동통치를 유지하려 했다.

당시 러허의 수비군은 약 20만 명에 달했으나 장제스의 부저항 정책으로 인해 국토를 상당 부분 포기해야 했고 열흘 사이 일본군은 러허 전체를 점령했다.

3월 초, 일본군은 창청의 각 입구에 도착했다. 맨 앞에서 창청을 수비하고 있던 제29군 병사들은 반격을 가했으며, 렁커우(冷口), 시펑커우(喜峰口), 구베이커우(古北口) 등지에서 적군과 격전을 벌였다.

3월 9일, 시펑커우 일대에서 격전을 벌이던 제29군 일부 병사들이 밤에 적군을 습격해 빼앗겼던 시펑커우를 탈환했다.

창청으로 들어가는 각 길목에서 막힌 일본군은 롼둥(灤東) 쪽으로 방향을 틀어 롼둥의 대부분 지역을 점령했다. 일본군은 가는 곳마다 살인과 약탈을 자행해 중국 국민들에게 막대한 피해를 주었다.

3월 하순, 창청 일대에서 수비하고 있던 중국군은 장제스의 부저항 정책과 일본군의 협공 때문에 마지못해 각 요로에서 철수하게 된다.

이 기회를 틈타 일본군은 롼허 강(灤河) 도하를 강행해 롼시(灤西), 미윈(密雲), 준화(遵化), 탕산(唐山) 등 26개 현을 점령하고, 평진[平津, 베이핑과 톈진(天津)]을 직접적으로 위협했다.

차하얼[현재 허베이 성 서부, 네이멍구 자치구 시린궈러멍(錫林郭勒盟) 지역] 동부에 있던 일본군은 츠펑(赤峰)에서 출발해 상두(商都), 장베이(張北) 등 현을 점령했다. 국민당 군대가 계속 패퇴를 하면서 화베이의 형세는 더욱 악화됐다.

많은 국토를 상실하고 펑진이 위협받는 상황에서, 5월 31일, 장제스 국민당 정부는 오히려 일본과 매국협정인 '탕구(塘沽) 협정'을 체결해 차베이(察北), 차둥(察東)을 일본군이 자유롭게 행동할 수 있는 비무장지대로 만들면서 스스로 일본군에게 화베이의 대문을 활짝 열어 주었다.

중국에서 일본의 침략 확장은 제국주의 국가들 간의 갈등을 격화시켰다. 1933년, 미 · 영 · 프 3국은 국민당 정부에 대해 경제 · 기술적 원조를 늘려 일본 침략세력에 맞서게 함으로써 중국에서의 자국 이익을 보호하려 했다.

일본은 미·영·프 3국의 중국에 대한 지원을 매우 불만스러워했다. 1934년 4월 17일, 아마하 에이지(天羽英二) 일본 외무성 정보국 총재는 "일본은 동아시아의 평화와 질서를 유지함에 있어 특수한 사명을 가지고 있으며, 미·영·프의 행위를 가만히 보고만 있을 수 없다"라고 성명을 발표했다.

일본은 무력으로 중국을 위협하는 한편, 앞잡이 인루겅(殷汝耕)과 결탁해, 1935년 11월 25일, '지둥(冀東)방공자치정부'를 수립하는 등 중국 내부 분열을 꾀했다. 12월 7일, 국민당 정부는 일본의 '화베이 특수화' 요구에 부응하기 위해 '지차(冀察)정무위원회'를 발족시켰다.

일본의 위협과 국민당 정부의 굴복 정책은 전 국민의 분노를 불러일으켰다. 12월 9일, 중국공산당의 지도 아래 베이핑의 대학생, 고등학생 1만여 명이 항일 구국 운동을 벌이고, "내전을 중지하고 공동으로 외적을 물리치자", "일본 제국주의를 타도하자" 등 구호를 외쳤다.

국민당 정부는 앞서 벌어진 항일 구국 운동을 학살과 체포 등 파시즘 수단으로 진압했고, 이는 일본 제국주의의 침략전쟁을 더욱 부추겼다.

1936년, 일본은 화베이에 더욱 많은 군사를 파병했다. 구베이커우에 포대를 구축하고, 베이닝루(北寧路)에 대군을 주둔시켰으며, 펑타이를 점령해 화베이와 남방 사이 연계를 차단하는 중요한 군사 거점으로 삼았다.

1937년 봄, 일본은 둥베이에 있던 관동군 일부를 퉁저우(通州) 및 펑진 일대에 주둔시켜 펑진 공격을 준비했다.

6월, 펑타이에 주둔한 일본군은 거의 매일 저녁 야전훈련을 하면서 중국 군민(軍民)을 도발
해 중국에 대한 전면 침략전쟁을 일으키려 기회를 엿보고 있었다.

6월 29일, 일본군은 여느 때와 마찬가지로 베이핑 서남쪽 루거우차오 부근에서 야전훈련
을 실시했다.

6월 30일, 일본 귀족원 의장이자 공작인 고노에 후미마로(近衛文麿)가 집권해 제1차 고노에 내각을 구성했다. 이는 중국에 대한 전면 침략전쟁이 눈앞에 닥쳐왔음을 의미한다.

이러한 상황에 대비하고 베이핑에 예기치 못한 일이 생기는 것을 방지하기 위해 펑즈안(馮治安) 중국 제29군 37사단 사단장 겸 허베이 성 주석은 베이핑에 야간 특별계엄령을 선포했다.

펑즈안은 자신의 근거지를 일본의 세력이 닿지 않은 바오딩(保定)에 설치했다. 바오딩은 인구가 약 25만이며, 핑한[平漢, 베이핑-한커우(漢口)] 철도의 요충지로 화베이 공방전의 거점이었다. 당시 허베이 성 정부도 이곳에 있었다.

화베이의 정세는 극도로 긴장이 고조됐다. 7월 3일 이른 아침, 펑즈안은 베이핑에서 주베이핑 일본 무관 이마이 다케오(今井武夫)를 바오딩 외빈초대소 개장식에 초청했다. 그는 바오딩에 함께 가면서 6월 29일의 실탄사격 사건에 대한 일본 측의 주의를 당부하려 했다.

바오딩으로 가는 전용 열차에서 펑즈안과 이마이는 중·일 간의 현실적 문제를 논의할 기회를 찾고 있었다. 열차가 량샹(良鄕) 들판을 지날 때, 이마이는 창밖을 바라보며 "아, 평화롭구먼!"이라고 혼잣말을 했다. 그러고는 고개를 돌려 펑즈안에게 물었다. "각하께서 요즈음 베이핑에 야간 특별계엄령을 내리셨는데 어찌된 영문입니까?"

펑즈안이 되물었다. "그렇다면 일본군은 야간훈련을 한다면서 6월 29일 루거우차오에 실탄사격을 했는데, 이에 대해 각하는 어떻게 해명할 것입니까?" 이마이는 "그것은 상상할 수 없는 일입니다!"라고 궤변을 늘어놓았다. 사실 당시 일본군은 중국에 대한 대규모 공격을 준비하고 있었다.

펑즈안과 이마이가 바오딩으로 가던 바로 그날, '면도칼'로 불리는 일본 관동군 참모장 도조 히데키(東條英機)는 일본 정부에 대소(對蘇) 전쟁 준비와 함께 현재 중국의 정세에 비추어 즉각 중국에 심각한 타격을 주어야 한다고 건의했다.

7월 5일, 이마이는 전쟁 준비를 감추기 위해 베이핑에서 기자회견을 열어 일본군의 훈련에 대해 해명했다. "최근 일본군이 훈련을 강화한 것은 7월 9~16일에 예정된, 매년 진행되는 제2기 검열 때문이다."

이틀이 지난 7월 7일 초저녁, 펑타이에 주둔하고 있던 무타구치 렌야(牟田口廉也) 부대 제8중대가 중대장 시미즈 세쓰로(清水節郎) 대위의 지휘 아래 루거우차오에서 이북으로 1km 떨어진 룽왕먀오(龍王廟) 부근, 즉 중국 제37사단 소속부대 주둔지와 멀지 않은 곳에서 야전훈련을 강행했다.

그날 저녁 10시, 일본군은 훈련 중 병사 1명이 실종됐고, 루거우차오 북쪽에서 총알이 날아왔다고 거짓말을 하며, 이를 빌미로 완핑 성에 들어가 소위 중국 측 '사건도발자'를 찾아내 처벌할 것을 무리하게 요구했다.

중국 측에서는 사건 해결을 위해 합동조사팀을 구성하자고 제의했다. 일본은 중국의 제의에 따라 사쿠라이(櫻井) 고문과 펑타이에 주둔하고 있던 일본군 모리타 토오루(森田徹) 중좌를 파견해 저우쓰징(周思靖) 중국 제29군 참모 및 완핑 현 현령, 지차외교위원회 책임자 등과 함께 루거우차오 현장을 조사하게 했다.

루거우차오를 수비하고 있던 제37사단 지싱원(吉星文) 연대 휘하 2개 중대의 지휘관은 일본 측의 비난을 단호히 거부하고, 중국군은 총을 쏘지 않았으며, 일본군 포로도 없음을 밝혔다.

그러나 미리 고의로 도발하려고 계획했던 일본 측은 여전히 말썽을 일으켰다. 그들은 중국과 교섭하면서도, 다른 한편으로는 펑타이에서 3백 명의 군대를 루거우차오로 파견해 사태를 크게 만들었다.

깊은 밤, 대대장 이치키 기요나오(一木淸直) 소좌가 이끄는 일본군은 완핑 동북쪽의 길고 높은 모래언덕을 잽싸게 점거한 후, 쌍방이 교섭 중임을 무시하고 야만적으로 루거우차오를 포격했다.

7월 8일 새벽 4시경, 중·일 양측은 여전히 완핑 현 성안에서 회의를 하고 있었다. 이때, 갑자기 동쪽 성문 밖에서 기관총, 대포 소리가 울리기 시작했고, 뒤이어 서쪽 성문 밖에서도 총소리가 거세졌다. 일본이 오래도록 획책해 왔던 대중국 전면 공격이 시작된 것이다.

루거우차오를 수비하고 있던 지싱원 연대 2개 중대의 병사들은 진전중(金振中) 대대장의 지휘 아래 "적들을 루거우차오에 매장시키자"란 전투 구호를 내걸고 용감하게 맞서 싸웠다.

8일 오후, 전투는 더욱 치열해져 일본군은 완핑 전서*를 포격하는 동시에 핑루(平盧) 통신 시설도 파괴했다. 하지만 일본 침략군을 물리치려는 중국군의 전투의지에는 아무런 동요 가 없었다.

*전서(專署): 성(省)·자치구에서 필요에 따라 설치한 파출기구(專員公署)의 약칭

루거우차오를 사이에 두고 중국군 2개 중대가 남쪽을, 일본군이 북쪽을 차지하고 쟁탈전 을 벌였다. 일본군은 뛰어난 무기를 이용해 계속해서 중국 수비군 진지를 포격하면서 중국 군을 몰아세웠다. 그러나 중국군 역시 만만치 않았다.

전투가 한창 치열한 가운데 갑자기 비가 내리기 시작했다. 중국군은 쏟아지는 비를 뚫고 다리 위로 뛰쳐나가 적들과 치열한 육박전을 벌였다.

베이핑 시위안(西苑)에 주둔하고 있던 제29로군 다른 일부 전사들은 우리뎬(五里店), 다징촌(大井村) 등지에서 적들의 진로를 끊어버리는 동시에 후이룽먀오(回龍廟) 및 류좡(劉莊) 일대에서 적군을 물리쳤다.

지싱원 연대 결사대 4, 5백 명은 밤 12시경 부슬부슬 내리는 밤비를 무릅쓰고 루거우차오 서북쪽 적진을 기습해 대도(大刀)로 적군 수백 명을 해치웠다.

옌안의 마오쩌둥은 "7월 7일 발생한 루거우차오 사건은 일본 제국주의의 중국 본토에 대한 전면전의 시작이며, 루거우차오 중국군의 항전은 전 중국 항전의 시작을 의미한다"라고 정확하게 지적했다.

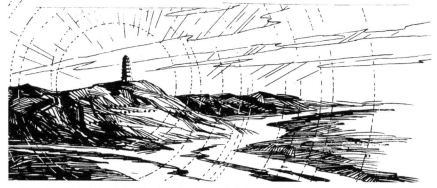

동포 여러분! 핑진이 위태합니다!
화베이가 위태합니다! 중화민족이 위태합니다!
전 민족이 함께 항전하는 것만이 우리의 살길입니다.

민족의 존망이 걸린 위태로운 시기에 중국공산당은 결연하게 항전을 주장하고, 8일, 전국에 '항전 선언'을 발표했다. 선언에서는 전체 군민이 일치단결해 국토 보위를 위한 민족 통일 전선의 견고한 '장성'을 쌓아 일본 제국주의의 침략을 물리치자고 호소했다.

8일, 베이핑에서 베이닝(베이핑-랴오닝)선 열차가 운행 정지됐다. 친더춘(秦德純) 제29로군 부군단장 겸 베이핑 시장은 각 성문을 닫아걸고 시내 주요 길목에 경계선을 설치해 행인을 단속함으로써 적의 밀정이 성안으로 잠입하는 것을 막도록 했다.

그날 저녁, 줄곧 일본과의 교섭을 원했던 장제스는 쑹저위안(宋哲元) 제29로군 군단장 겸 지차정무위원회 주석에게 모든 것을 걸고 적과 협상하라는 지시를 내렸다.

11일, 중·일 양측은 베이핑, 톈진 두 곳에서 동시에 만났다. 톈진에서 일본과 회담을 진행한 사람은 장즈중(張自忠) 톈진시 시장 겸 제38사단 사단장이었다. 회담이 시작되자마자 일본 측은 막무가내로 중국이 일방적으로 루거우차오에서 철수함과 동시에 '사건도발자'의 처벌을 요구했다.

일본의 무리한 요구에 격노한 장즈중은 "처벌받아야 할 사람은 중국인이 아니라 일본인이다. 루거우차오에서의 철수 요구에 대해, 우리 측은 정규군 대신 보안대를 배치해 치안을 유지할 수 있다. 그렇다면 일본군은 어떤 조치를 취할 것인가?"라고 되물었다.

11일, 일본 고노에 내각은 긴급회의를 열고 "정부에서는 이미 중대한 결정을 내렸으며 화베이 파병 문제에 있어서 필요한 조치를 취할 것"임을 선포했다.

같은 날, 일본 육군 참모장은 둥베이의 관동군과 조선에서 2개 사단을 차출해 화베이 전선의 병력을 강화하라고 명령했고, 동시에 해군 함대를 화베이 연해에 파견했다.

베이핑 회담에서도 친더춘 제29군 부군단장 겸 베이핑 시장은 일본의 무리한 요구를 거절했다. "중국군이 루거우차오에서 철수하는 것에 결코 동의할 수 없다!"

베이핑, 텐진에서의 회담이 교착 상태에 빠지자 쑹저위안은 장제스와의 약속을 지키기 위해 친더춘과 장즈중에게 "사태가 더 심각해지기 전에 일본의 조건에 동의할 것"을 지시했다.

그날 오후, 베이핑, 텐진의 중국 측 회담 대표는 일본에 사과하고, '도발자'를 처벌하며, 중국군을 철수시키는 굴욕적인 조건에 동의함으로써 중·일 양측은 임시적으로 정전협정을 맺었다.

정전협정은 중국 국민의 항전의지와 위배되는 것이었다. 7월 13일, 중국공산당 지도자 마오쩌둥은 옌안에서 긴급동원대회를 열고 공산당원과 혁명간부는 모두 항일 전선에 나아가자고 호소했다.

산간닝[陝甘寧, 산시(陝西)·간쑤(甘肅)·닝샤(寧夏)] 군민들은 마오 주석의 호소에 따라 집회 및 시위 행진을 단행하며, "당 중앙의 결정을 적극 지지한다", "일본 제국주의를 타도하자", "장제스에게 항전을 요구한다" 등의 구호를 소리 높여 외쳤다.

일본의 대중국 전면전은 세계적인 주목을 받았다. 스탈린이 지도하는 사회주의 소련은 즉시 일본 파시즘의 침략을 제재해야 한다고 주장하는 동시에 중국 측에 도의적·물질적으로 큰 도움을 주어 중국 군인과 민간의 사기를 북돋워 주었다.

7월 14일, 일본군은 핑진 일대에 2만 명의 군대와 백여 대의 비행기를 집결해 놓고 지속적으로 국민당 정부에 압력을 가했다.

15일, 중국공산당 중앙 정부는 국민당에 '중국공산당의 국공합작을 공포하기 위한 선언'을 보냈고, 재차 전국의 동포들에게 "다 같이 일어나 민족단결을 공고히 하고, 일본 제국주의를 타도하기 위해 힘껏 싸우자"라고 호소했다. 이 소식이 전해지자 중국 국민들의 민심은 더욱 요동쳤다.

16일, 일본군은 또다시 4개 사단, 2개 독립혼성여단 총 10만 육군을 화베이에 증파했다.

7월 17일, 항일 통일 전선 구축을 위해 공산당과 국민당은 루산(廬山)에서 회담을 가졌고, 저우언라이(周恩來)가 공산당을 대표해 장제스와 만나 산간닝 정부의 합법적 지위를 승인받았다.

같은 날, 일본 육군참모본부는 '화베이에서 병력을 행사하기 위한 대중국 전쟁 지도 요강'을 제정하고, 첫째로 "29로군을 격파해 화베이 문제를 해결하고", 둘째로 "중국 중앙 정권을 무너뜨리고", 나아가 "전면전을 통해 근본적으로 중·일 간 문제를 해결(즉, 중국 멸망)"할 것을 확정지었다.

이날, 일본 내각은 총리·외무·재무·육군·해군 다섯 대신이 참가한 오상회의(五相會議)를 열고, 40만 대군을 동원해 무력으로 중국을 멸망시킬 것을 결정했다. 일본은 겉으로 중국과의 회담에 응했지만 실은 병력증파 시간을 벌기 위한 것이었다.

18일, 이때까지도 평화적인 회담을 기대한 장제스 정부는 또다시 쑹저위안을 톈진에 파견해 일본 주톈진 신임 사령관 카츠키 키요시(香月淸司) 중장과 만나게 했다. 중·일 양측은 톈진에 있는 '제싱서(偕行社)'에서 항일운동 금지, 공산당 공동 방어 등 매국적인 정전협정의 세칙을 실시하기로 합의했다.

베이핑으로 돌아온 쑹저위안은 모든 일이 순조롭다고 생각했다. 19일, 쑹저위안은 베이핑 성문을 전부 개방하고, 방어진지를 철거하라고 명령했다. 또한, 37사단을 융딩 강(永定河) 서쪽으로 철수시키고, 시위안에 주둔하고 있던 중국군 일부를 바오딩 이남으로 철수하게 했다. 평진 대문을 일본 침략자들에게 활짝 열어준 것이다.

20일, 쑹저위안은 명을 받들어 베이핑 시민에게 소위 '평화해결 방침'을 공포했다. "중·일 문제는 사실상 일부 지역적인 문제로 동포들은 안심하고 유언비어에 흔들려서는 안 된다!" 그러나 이를 믿는 이는 아무도 없었다.

국민당 정부가 자기기만적으로 평화의 찬가를 부르고 있을 때, 일본은 전쟁 준비에 박차를 가했다. 그들은 중국과 회담하는 기간 동안 관동군, 이타가키 사단, 조선 사단 등 정예부대를 계속 화베이에 증파했다.

화베이에 증병을 마친 일본은 정전협정을 파기하고 베이핑으로 진군하기 시작했다. 둥베이에서 이동한 관동군 스즈키(鈴木), 사카이(酒井) 혼성여단은 러허에서 베이핑 북쪽으로, 조선에서 온 가와기시(川岸) 제20사단은 베이핑 남쪽으로 진격하고, 평진 주둔군 가와베(河邊) 여단을 기반으로 한 일본군은 베이핑 동쪽에서 협공하기로 했다.

일본 본토에서 파견된 이타가키 세이시로(坂垣征四郞) 제5사단은 일본 해군과 연합해 톈진을 넘보고 있었다.

26일, 톈진 일본 주둔군 사령부는 중국군 제29로군에 48시간 내에 제37사단을 베이핑에서 철수시키라는 최후통첩을 보내왔다. 미처 답도 하기 전에 일본군은 병사 2백여 명을 출동시켜 베이핑 장이먼(彰儀門)을 공격하는 동시에 주변 교외에서 도발했으나, 중국군이 침범한 적들을 물리쳤다.

벽에 부딪힌 일본군은 또다시 평화 계략을 꾸몄다. 이에 쑹저위안은 중국 측의 평화에 대한 의지를 보이기 위해 일본 측이 비행기로 제29로군 진지를 '시찰'하는 데 동의했다.

28일, 일본 비행기 20대가 난위안(南苑) 상공으로 날아올라 소위 '시찰'을 진행했다. 적기는 공중에서 두어 바퀴 돌더니 갑자기 맹렬한 폭격을 퍼부었다. 중국군은 미처 대응할 틈도 없이 막대한 사상자를 내었다. 이와 함께 일본 지상군도 협공해 삽시간에 베이핑은 불길에 휩싸였고 무고한 민간인들까지 무차별 공격을 받았다.

일본군의 공격이 시작되자 쑹저위안은 밤새 바오딩으로 도망쳤다. 28~30일 사이, 베이핑, 텐진이 연이어 함락되자 일본군의 침략야욕은 더욱 커졌다. 전국적인 전시동원령과 함께 화베이에 있던 30만 대군은 네 갈래로 나누어 거침없이 중국 내지로 쳐들어갔다.

그중 한 갈래는 핑쑤이루(平綏路), 퉁푸루(同蒲路)를 거쳐 산시 성(山西省)을, 한 갈래는 핑한루(平漢路)로 하여 허난 성(河南省)을, 한 갈래는 진푸루(津浦路), 자오지루(膠濟路)로 하여 산둥 성(山東省)을, 한 갈래는 장자커우(張家口)에서 핑쑤이루를 따라 쑤이위안 성(綏遠省)을 공격했다.

이 밖에, 일본군은 또 다른 한 갈래로 상하이를 공격했는데, 8월 13일, 상하이 전투를 일으켜 3개월 안에 중국 전체를 병탄하려 했다.

일본군의 야만적인 침략은 중국 국민의 애국심을 불러일으켜 전국적으로 항전의 뜨거운 불길이 타올랐고, 일본군은 중국 군민의 격렬한 저항으로 고전을 면치 못했다.

8월 25일, 중국공산당은 산베이(陝北) 뤄촨(洛川)에서 역사적 의의가 있는 정치국 확대회의를 열고, '항일 구국 10대 강령', '현 정세와 당의 임무에 관한 결정' 등 길이 남을 문건들을 마련했다.

중국공산당의 확고한 주장은 전 국민의 지지를 받았고 동시에 국민당 정부의 항일 혁명도 촉진시켰다. 9월 23일, 장제스가 강요에 의해 중국공산당의 합법적 지위를 승인함으로써 국공 양당의 제2차 합작이 시작됐다.

이 기간 동안 국공 양당은 산간닝 홍군(紅軍) 주력을 국민혁명군 팔로군(9월에 18집단군으로 개명)으로 개편하고, 주더를 총지휘로, 펑더화이(彭德懷)를 부총지휘로 임명했다. 10월에는 또 남방 8성의 홍군유격대를 신사군으로 개편하고, 예팅(葉廷)을 군단장으로, 샹잉(項英)을 부군단장으로 임명했다.

중국 공농홍군 주력은 팔로군으로 개편된 후, 1937년 9월 주더와 펑더화이의 지휘 아래 동쪽으로 황허 강(黃河)을 건너 화베이 전선으로 돌진해 일본군을 타격했다.

남방 8성의 홍군유격대는 신사군으로 개편된 뒤, 예팅, 샹잉의 지휘 아래 두 갈래로 나누어 동쪽으로 완난(皖南) · 쑤난(蘇南) 전선으로 나아가 일본군과 싸웠다.

팔로군과 신사군은 적과의 전투 과정에서 많은 항일 근거지를 구축했다. 근거지의 면적과 규모도 계속해서 확장됐는데, 이는 중국공산당의 전면 항전 노선과 지구전 전략이 정확했으며, 결국에는 중국이 승리할 것임을 분명히 알려주고 있다.

1938년 8월 13일, 상하이 일본 주둔군은 7·7사변(루거우차오 사건)에 이어 '훙차오(虹橋) 사건'을 일으켜 중국 침략을 본격화했다. 상하이 중국군 제9집단군은 전 국민의 항전 요구, 중국공산당의 분명한 항전 방침 및 상하이 각계 애국 인사들의 지원에 힘입어 용맹하게 적군과 싸우면서 상하이 방어전에 나섰다. 4개월간의 전투 기간 동안 쓰항(四行) 창고를 지켜낸 800인의 용사, 비행기로 충돌해 적의 함대를 무찌른 공군 영웅, 낙하한 후 적군에 포위당해 총으로 자결한 전사, 적군의 포화를 무릅쓰고 전선을 지원한 군중 등 눈물겨운 영웅사적들이 헤아릴 수 없이 많이 나왔다. 상하이 전투 후, 중일전쟁은 중국 측에 유리한 국면으로 돌아섰다.

글 · 정핑(鄭平)

그림 · 쑨샹양(孫向陽) · 둥즈쥔(董治軍)

그림으로 읽는 제2차 세계대전 ❶

제2차 세계대전의 서막

상하이 전투

3

일본은 루거우차오 사건 후 즉시 대중국 전면전을 획책했다. 히로타 고키 외무장관은 이타가키 주중국 일본군 제5사단 사단장과 오카무라 야스지(岡村寧次) 중국 파견군 총사령관을 도쿄로 불러, 곧 정예 주력군을 집결시켜 수륙으로 화베이, 칭다오, 상하이를 동시에 공격하고 남북으로 협공해 화베이와 화둥 등 전략적 요충지를 점령할 것임을 밝혔다.

히로타 외무장관은, 상하이는 중국의 정치·경제 중심지로 상하이를 점령하면 중국의 해상 보급로를 차단할 수 있을뿐더러 화베이 전선과 남북 협공이 가능해져, 국민당 정부를 항복시키고 침략전쟁을 앞당겨 끝낼 수 있다고 판단했다. 그는 장성들에게 '상하이 점령 계획'을 시달하고 8월에 상하이 전투를 일으키기로 확정지었다.

7월 8일, 이타가키는 중국으로 돌아와 비밀리에 특사 가야노(萱野)를 상하이에 파견해 마
쓰이 이와네(松井石根) 상하이 일본 주둔군 사령관을 만나 그에게 고의적으로 문제를 일으
켜 일본군이 상하이를 공격할 펑계를 만들도록 지시했다. 상하이의 시국은 날로 위태로워
졌다.

7월 15일, 중국공산당은 국민당에 국공합작과 공동항일 선언을 제안했다. 전 국민의 항일
열기에 국민당 정부는 국공합작에 동의했으며, 펑위샹(馮玉祥) 장군을 제3작전구역 사령관
으로 임명해 제8·9·10 집단군을 거느리고 상하이, 항저우 만(杭州灣), 저장(浙江) 연해 삼
각 지역을 수비케 했다.

평위샹 장군은 곧 제3작전구역 고급장군들을 소집해 방어 임무를 배치했다. 제9집단군은
상하이를, 제8집단군은 항저우 만을, 제10집단군은 저장 연해를 지키면서 일본군이 상륙
하지 못하도록 방어하기로 했다.

7월 중순, 마쓰이는 일본 해군육전대(海軍陸戰隊)를 이끌고 자베이(閘北)에서 월경(越境)훈련
을 실시했다. 7월 말, 주상하이 일본 영사는 상하이 지방당국에 조서를 보내 수병이 실종
됐으니 중국 비행기의 비행을 중지시켜 달라고 요구했다. 이에 국민당 정부는 사태를 키우
지 않는다는 방침으로 일본의 요구를 수락했다.

두 차례 도발이 모두 실패하자, 일본은 또 다른 음모를 꾸몄다. 8월 9일 오후 5시, 자베이의 일본 해군육전대 병영에서 일본 군관 1명과 병사 1명을 태운 군용차가 나와 훙차오 비행장 정문으로 돌진했고, 비행장을 지키던 중국 보안대 병사는 즉시 앞으로 나가 제지했다.

이에 일본 군관이 그 병사를 향해 총을 쏘았고, 비행장에 있던 다른 병사들이 총소리를 듣고 달려와 피를 흘리며 쓰러진 전우를 보고 일제히 반격했다. 그러자 일본 군용차는 급히 오른쪽으로 돌려 비행장 동쪽 파이팡루(牌坊路)를 따라 황급히 북쪽으로 도망쳤다.

중국 보안대의 추격으로 일본 군용차는 비행장 정문으로부터 100m 떨어진 곳에서 총에 맞아 불이 붙었으며, 차에 타고 있던 군관은 사살됐고, 차를 버리고 동북 방향으로 도주하던 운전병도 총에 맞아 죽었다.

주상하이 일본 영사는 즉시 이 사건으로 위홍쥔(兪鴻鈞) 상하이 시장과 교섭하면서 소위 '흉수(凶手)'를 엄벌하는 동시에 손해배상까지 무리하게 요구했고, 위홍쥔은 진상규명 후 다시 교섭할 것이라고 답했다. 그날 저녁 9시, 중·일 양측 대표가 현장에 도착했으며 검시관이 사망자들의 시체를 조사했다.

밤 10시, 중·일 양측은 교섭을 시작했다. 일본 영사는 중국 측이 사건을 일으켰다고 비난하며, '흉수' 처벌, 손해배상 및 중국 보안대의 상하이 철수 등을 요구했다. 이에 위훙쥔은 일본 군용차가 중국 비행장에 쳐들어왔고 일본 군관이 먼저 중국 병사를 사살했으므로 중국의 책임이 아니라고 지적했다. 양측은 아무런 결과도 얻지 못했다.

그날 밤, 주상하이 일본군 사령관 마쓰이 이와네는 일본 해군육전대 1만5천여 명에게 전쟁 준비를 하도록 명령하고, 모든 전차를 자베이 해군사령부 앞에 집결시켰다. 전체 주둔군은 임전태세를 취했다.

이러한 상황을 알게 된 제3작전구역 펑위샹 장군은 쑤저우(蘇州), 우시(無錫), 창수(常熟) 일대의 제87·88 사단을 상하이로 이동시켜 방어하게 하고, 총괄 지휘는 징후(京滬)경비총사령관 겸 제9집단군 사령관인 장즈중(張治中) 장군에게 맡겼다.

8월 13일 동틀 무렵, 주상하이 일본군 사령관 마쓰이는 중국 병사가 훙차오 비행장에서 일본 병사를 사살한 사건을 빌미로 직접 일본 해군육전대를 이끌고 상하이의 자베이, 훙차오, 장완(江灣)을 공격한 '8·13 사건'을 일으키게 되고, 이로써 상하이 전투가 시작됐다.

장즈중 장군이 이끄는 경비부대는 진지, 바리케이드, 견고한 건축물 등을 방패 삼아 일본군에 맞서기 위해 분기했으며, 거센 화력으로 일본군의 공격을 막아냈다.

일본군이 맹렬한 포화로 상하이 시내를 공격하면서 수많은 집들이 파괴됐고 검은 연기가 자욱한 가운데 사방에는 시체들이 넘쳐났다. 제9집단군 장병들은 용맹하게 적군에 맞서 싸웠으며 더욱 거센 포화로 반격해 적의 공격을 여러 차례 물리쳤다.

홍차오 비행장을 공격하던 일본군 전차도 중국군의 지뢰와 포격에 격파돼 적들은 심각한
타격을 입었다.

8월 14일 새벽 2시, 양저우(揚州)에 주둔하고 있던 제5항공부대는 제3작전구역 지휘부의
창장 강(長江) 봉쇄 명령을 받고 즉시 24중대를 출동시켰다. 곧바로 경폭격기 18대가 상하
이 방향으로 날아갔다.

3시 30분, 비행기들은 우쑹커우(吳淞口) 밖 바이룽강(白龍港) 상공에 이르러 항만에 집결해 있는 일본군 함정 50척을 공격했다. 약 230kg 되는 폭탄이 일제히 떨어지자 수면은 순식간에 불바다가 됐다. 일본 함정 1척이 격침되고 그 외 나머지는 황급히 항만 밖으로 도망쳤다.

같은 날, 국민당 정부는 외교부를 통해 "중국의 영토 주권이 일본에 침해당하고 있다. 중국은 결코 영토의 어느 한 부분도 포기하지 않을 것이며, 만약 침략 행위가 있다면 자위권을 행사할 것이다"라고 성명을 발표했다.

그러나 장제스는 비밀리에 판광(樊光) 전임 외교부 차장에게 베이핑 매국노조직지지회의 배후조종자인 야마모토 사카에(山本榮)와 함께 한커우로 가서, 일본과 왕래가 있는 국민당 요원 쿵샹시(孔祥熙)에게 본인이 승인한 '중일화해의견서'를 전달해 일본과 은밀하게 화의를 맺도록 하라고 명령했다.

쿵샹시는 즉각 심복 자춘더(賈存德)를 상하이로 파견해 일본 첩보 분야의 거물인 마쓰모토(松本)를 통해 가야노 일본 특사와 만나게 했다. 자춘더는 우한에 돌아와 가야노가 쿵샹시에게 보낸 밀서를 건넸다. 밀서에는 평화회담의 선결 조건으로 장제스의 정계퇴출과 공동방공(共同防共)을 제시했다.

쿵샹시는 즉시 가야노에게 장제스의 정계퇴출 조건을 거두지 않으면 평화회담은 이루어
질 수 없다고 회신했다. 가야노는 도쿄에 돌아가 일본 당국에 보고하고 지시대로 쿵샹시에
게 "장제스의 정계퇴출 조건을 거부한다면, 일본 당국은 더 이상 고집하지 않을 것"이라고
답전을 보냈다.

전선에 있는 제9집단군은 일본군과 처절하게 맞서 싸워 그들을 자베이 일대에 묶어 놓았
다. 8월 15일 이른 아침, 장즈중이 지휘하는 87·88 사단이 일본군을 향해 대규모 반격을
가하자 일본군은 버티지 못하고 후퇴했다.

일본 공군은 1개 대대의 전투기를 출동시켜 중국군을 폭격했다. 중국 항공 제4대대도 반격을 가했으며 양측은 치열한 공중전을 벌였다. 가오즈항(高志航) 대대장은 오른팔에 총상을 입고도 물러나지 않았고, 웨리췬(樂立群) 분대장은 적기 4대를 격추시켰다. 결국 일본 전투기는 황급히 후퇴했다.

8월 중순 어느 날 아침, 중국 제5항공대 24중대 옌하이원(閣海文) 생도는 명을 받고 폭격기 6대와 함께 퉁톈안(通天庵) 일본군 사령부를 폭격했다. 그들은 적이 마구 쏘아대는 고사포의 위협을 무릅쓰고 급강하해 소사(掃射) 및 폭격했으며, 일본군 사령부는 곧 불길에 휩싸였다.

치열한 전투 중에 옌하이원의 2호 호위기가 적의 고사포에 왼쪽 날개를 맞아 추락했고, 옌하이원 본인은 낙하산을 타고 뛰어내렸다.

퉁톈안 공동묘지 부근에 떨어진 옌하이원은 일본군이 잡으러 오자 양손에 권총을 뽑아들고 연이어 일본군 일곱을 쏘아 쓰러뜨리면서 저항했다. 적들이 사방에서 포위망을 좁히며 투항하라고 외쳐도 계속해서 사격했다.

옌하이원은 탄알이 다할 때까지 계속 저항하다가 "일본 침략자를 무찌르자!"라고 소리 높여 외치고는 마지막 남은 탄알로 장렬하게 생을 마감했다.

같은 날 오전 9시경, 중국 항공부대 모 대대 량훙윈(梁鴻雲) 부대장은 전투기 3대를 거느리고 상하이 상공에서 정찰하다가 폭격하러 온 일본 비행기 부대와 맞닥뜨렸다. 치열한 접전 끝에 중국 공군은 적기 1대를 격추시키고 2대를 파손시켰다. 량훙윈은 총에 맞아 전사했다.

황푸 강(黃浦江)에 들어선 중국 해군 함대도 일본군 진지를 향해 포격했다. 막대한 피해를 입은 일본군은 진지를 포기하고 도망쳤다.

민중의 항일 열정 또한 드높았다. 상하이 시 의료 종사자들은 의용구호대를 조직해 적군의 맹렬한 포화를 무릅쓰고 자베이 전선에 나아가 구호 활동을 했다.

상하이 각계 애국지사들도 거리로 뛰쳐나와 "일본 제국주의를 무찌르자", "끝까지 항전을
멈추지 말자" 등등의 표어, 깃발을 들고 소리 높이 구호를 외치면서 일본의 침략전쟁에 항
거했다.

학생들은 일본군과 싸우는 제9집단군 전사들을 위해 기부하고, 각계 인사들은 위문대를
조직해 대량의 물품을 들고 전선의 진지로 찾아가 장병들을 위문했다.

8월 20일, 제9집단군 88사단은 위지스(兪濟時) 사단장의 지휘 아래 일본군 진지를 돌파하고, 홍커우(虹口) 공원에서 후이산(匯山) 부두의 황푸 강 강변까지 돌격했다.

일본군은 퉁톈안 사령부에 갇혀 꼼짝할 수 없었다. 사령관 시라카와(白川)는 크게 당황해 일본 당국에 긴급 전보를 보내 상하이 공격에 실패했으니 신속히 증원군을 보내 줄 것을 요청했다.

일본군 최고사령부는 시라카와의 긴급 전보를 받고 곧바로 마쓰이 장군에게 10개 사단을 거느리고 군함으로 일본 본토에서 상하이로 진격하게 했다.

화의(和議)를 위한 물밑 작업을 하던 가야노 특사가 도쿄에서 상하이로 건너와 자춘더를 만났다. 가야노는 자춘더에게 중·일 평화회담의 선결 조건으로 '공동방공'은 불변이며, '장제스 정계퇴출'을 '중·일 경제합작'으로 수정했음을 알리고, 홍콩 도쿄 호텔에서 쿵샹시와 비밀회담을 갖기로 약속했다.

자춘더는 우한으로 돌아가 쿵샹시에게 보고했고, 곧이어 홍콩에서 가야노와 쿵샹시의 비밀회담이 있었다. 쿵샹시는 일본의 평화회담 조건을 받아들이는 대신 일본 측에 휴전을 선포하고 군대를 철수시켜 7·7사변 이전으로 회복시킬 것을 요구했다. 가야노가 이는 일본 당국에 보고해야 한다고 하여 회담은 중단됐다.

일본 당국은 평화회담으로 중·일 관계를 해결하려는 장제스의 요행 심리를 이용해 시간을 끄는 한편 일본군에는 상하이 점령을 더욱 서두르라고 명령했다.

8월 22일 동틀 무렵, 마쓰이는 함대를 거느리고 상하이 해상에 진입해 상륙 및 공격을 준비했다. 23일 이른 아침, 마쓰이는 3개 사단에 명령을 내려 육지에 상륙해 우쑹(吳淞), 촨사강(川沙港) 등지를 공격하도록 했다.

우쑹커우 수비군은 오직 제9집단군 1개 연대뿐이었는데 몇 배에 달하는 병력과 함포, 공군의 거센 공격으로 많은 사상자를 냈으며, 방어선은 이내 일본군에 돌파됐다. 우쑹커우를 점령한 일본군은 신속히 적진 깊숙이 밀고 들어갔다.

이와 동시에 촨사강 제9집단군 1개 연대 수비군도 반나절 동안 치열한 전투를 치렀지만 패퇴하고 말았다.

일본군은 촨사강을 점령한 후 신속하게 전과를 확대하기 위해 상하이 시내를 향해 곧바로 진격했다.

중국 공군은 2개 폭격기대대를 차례로 출동시켜 우쑹, 장화방(張華浜), 원자오방(蘊藻浜)에
상륙하는 일본군을 폭격해 그들의 공격을 저지시켰다. 이번 공습으로 적군은 막대한 사상
자를 내었다.

일본군의 또 다른 상륙부대는 전차의 거센 화력을 앞세워 바오산(寶山), 류허(瀏河) 등지를
맹공격해 상하이 좌익을 위협했다. 일본군을 저지하기 위해 제9집단군 5개 사단이 창장
강 남쪽 해안 일대를 따라 적의 상륙부대와 격전을 벌였다.

24일 동틀 무렵, 중국 항공부대 2대대 11중대 선충하이(沈崇海) 분대장은 명을 받고 해상의 일본 군함을 습격했다. 선충하이는 경폭격기 6대를 이끌고 창장 강 상공에 이르자마자 일본 군함에 폭탄을 투하했다.

애석하게도 폭탄은 적함을 명중시키지 못했다. 선충하이는 살신성인의 정신으로 적함에 충돌하기로 결정했고 이에 런윈거(任雲閣) 폭격수도 함께하기로 했다. 선충하이는 과감하게 조정키를 잡아당겨 적함에 충돌했다. 적함은 빠르게 가라앉았고 용감한 두 전사는 순국했다.

8월 하순, 바오산을 공격하던 일본군은 3일 밤낮의 격전을 거쳐 교두보 진지를 점령하고, 수비군에 맹공격을 퍼붓기 시작했다. 동시에 일본 군함 30여 척이 도심을 향해 포격했고, 일본 폭격기도 소이탄을 투하했다. 중국군의 피해가 심각했으며, 진지 여러 곳과 수많은 가옥이 파손됐다.

전차를 앞세운 일본군이 강력한 화력의 엄호 아래 바오산을 강공해 성문 밖 방어선을 돌파하고 성내에 진입했으나, 중국 수비군은 여전히 완강하게 저항했다. 수비군 장병들은 바리게이트에서 뛰쳐나와 적과 육탄전을 벌였으며, 사방에 적군의 시체가 널려 있었다.

3일간 치열한 전투를 치렀으나 결국 바오산을 수비하던 1개 대대의 중국 장병이 전부 장렬히 전사했다. 반면 일본군은 바오산을 점령하면서 상하이 공격 상륙진지를 하나로 이어 놓을 수 있었다.

9월 상순, 펑위샹 장군은 전세가 변화함에 따라 급히 난징에 지원 요청을 하는 한편 전쟁구역 군사장관회의를 열고 방어전으로 전환해 지구전을 치를 것을 결정했다. 장즈중 장군은 회의 결정에 따라 제9집단군을 적의 함포 사정거리 밖으로 철수시키고 진지에 의지해 적군을 저지했다.

일본군은 끊임없이 증병해 상하이 각 거점을 공격했다. 10월 상순, 일본군 일부가 이미 원자오방을 건너 도심으로 쳐들어왔으며 양측은 격전을 벌였다. 마침, 명을 받고 제3작전구역을 증원하러 오던 제21집단군이 전선에 도착해 함께 적을 물리쳤다.

10월 하순, 제21집단군은 원자오방 남쪽 기슭의 일본군에 반격을 가했다. 공군과 지상군의 포화가 함께 쏟아져 전투는 치열했으며, 일본군은 점차 힘을 잃고 연막탄을 쏘아 엄호하며 원자오방 북쪽 기슭으로 후퇴하려 했다. 그러나 중국군은 경험이 부족한 탓에 독가스탄인 줄 알고 급히 철수했다.

일본군은 이 기회에 역공에 나서 중국 수비군의 방어선을 뚫고 연이어 다창(大場), 장완(江灣), 전루(眞如) 등지를 점령했으며, 후닝(滬寧) 철도를 차단함으로써 상하이 좌측 후방을 직접적으로 위협했다.

일본군이 상하이를 공격할 당시 총 전력은 11개 사단의 약 30만 병력, 비행기 100여 대, 전함 30여 척이었다. 10월 26일, 적군과 아군의 현저한 전력 차이로 펑위샹 장군은 부대 전체에 우쑹 강 기슭으로 철수해 방어할 것을 명령했다.

대부대의 후퇴 계획을 순조롭게 완수하기 위해 장즈중 장군은 직접 상하이 방어전에서 일본군을 수차례 물리친 제88사단 524연대 셰진위안(謝晉元) 부연대장을 만나 그에게 소속 부대를 이끌고 쓰항 창고 진지를 사수하면서 대부대의 후퇴를 엄호할 것을 명령했다.

쓰항 창고 진지에서 셰진위안 부연대장은 동자군(童子軍)이 선물한 금기(錦旗)를 받아들고 800명 병사와 함께 마지막 순간까지 일본군과 싸울 것을 다짐했다.

적기는 쓰항 창고 진지를 융단 폭격했다. 이에 셰진위안은 부대를 은폐시키고 기관총으로
저공비행하는 적기를 사격하게 했다. 일본군이 쓰항 창고를 포위하고 계속 공격을 퍼부었
으나 셰진위안은 800명 병사를 지휘해 매번 진지 앞에서 그들을 막아냈다.

일본군은 쓰항 창고 공격이 막히자 전차로 밀고 나가려 했다. 맹렬한 포격으로 수비군은
진지에서 머리조차 들 수 없었고 상황은 매우 긴박해졌다. 셰진위안은 즉각적인 조치로 3
인 1조 총 15인의 폭파결사대를 구성해 적군 전차를 폭파시키기로 했다.

병사들은 폭발물을 끌어안고 진지를 뛰쳐나와 전차를 향해 돌진했으나 앞의 3개 조는 잇따라 모두 희생됐다. 나머지 2개 조 가운데 1조는 정면으로 돌격해 적들을 유인하고 다른 1조가 측면으로 에돌아 전차에 접근했다. 이 전술이 먹혀들어 끝내 적군 전차가 폭파됐다.

곧이어 일본군은 또다시 2개 중대의 병력으로 강공해 왔다. 수비군은 맹렬한 포화로 막아냈고 적군은 추풍낙엽처럼 떨어져 나갔다. 교활한 적군은 강공이 먹히지 않자 정면 강공과 함께 또 다른 중대를 조직해 좌측에서 맹공격함으로써 중국군의 좌측 진지를 돌파했다.

위기일발의 순간, 셰진위안은 직접 수비군을 이끌고 적들과 육박전을 벌여 수많은 적군 사상자를 내고 남은 적들을 진지에서 쫓아냈다. 4일 밤낮을 치열하게 싸워 셰진위안은 병사들과 함께 쓰항 창고 진지를 지켜냈으며, 일본군의 연이은 공격을 매번 좌절시켰다.

제524연대는 대부대의 후퇴 엄호 임무를 완수하고 칠흑같이 어두운 어느 날 밤, 셰진위안의 지휘 아래 포위를 뚫고 우쑹 강 부근에 있는 중국군 진지로 후퇴했다.

마오쩌둥은 '8백 용사'의 용감한 정신을 높이 사 그들을 핑싱관(平型關), 타이얼좡(臺兒莊)
용사들과 함께 '민족혁명영웅'으로 받들었다.

상하이 방위부대 제9집단군이 전부 우쑹 강 일대로 철수한 후 일본군은 후방 병참선을 차
단해 앞뒤로 상하이를 협공하는 형세를 이루었다. 10월 말, 일본군은 국내와 화베이 전선
에서 20만 병력을 차출해 상하이로 이동시켜 일거에 상하이를 함락하려 했다.

증원부대가 모두 도착하자 일본군은 상하이에 맹공격을 퍼부었다. 중국군 제3작전구역 장병들은 각 진지를 지키면서 완강하게 저항해 적군의 공세를 막아냈고 적군은 막대한 사상자를 내었다.

일본 최고사령부는 상하이를 빨리 점령하기 위해 마쓰이에게 항저우 만에 상륙해 상하이 수비군의 우익을 측면 공격하라고 명령했다.

마쓰이는 기사라즈(木更津) 항공대를 출동시켜 항저우(杭州) 젠차오(筧橋) 비행장을 폭격했다. 비행장에 주둔하고 있던 중국 항공부대 제4대대 가오즈항 대대장이 앞장서서 적기를 잇따라 격추시키자 나머지 적기는 허겁지겁 꽁무니를 뺐다.

항저우 만에서 수비하던 중국군 제8집단군은 상륙하는 일본군과 격전을 벌였지만 적군 함포와 공군의 맹렬한 화력으로 인해 많은 사상자를 냈다. 제3작전구역 평위샹 사령관이 난징에 긴급으로 지원을 요청했으나 일본과 타협하려던 장제스는 결국 지원병을 보내지 않았다.

3개월간의 방어전을 치르는 동안 후속 지원이 없는 상황에서 제9집단군의 장병들은 지칠 대로 지쳤고 탄약과 식량이 모두 떨어졌으며 사상자 수는 상상을 초월했다. 11월 9일, 평위샹 장군은 어쩔 수 없이 상하이를 포기하고 쑤저우, 푸산(福山) 일대로 이동할 것을 명령했다.

일본군은 상하이 점령 후 도처에서 살상과 방화를 자행했다. 일본군은 또 일부 병력을 군함에 태워 창장 강 남쪽 해안의 항구로 보내 서쪽으로 후퇴하는 제9집단군 좌익을 측면 공격했다. 제9집단군은 쑤저우, 푸산 일대에 미처 발도 붙이지 못한 채 적군의 공격을 피해 황급히 우시, 장인(江陰) 일대로 후퇴했다.

우시, 창인까지 후퇴한 제9집단군은 여기서도 일본군의 추격을 막아내지 못해 또다시 완난, 난징 일대로 패퇴했다.

일본군은 두 갈래로 나누어 한 갈래는 후닝 철도 및 창장 강을 따라 곧장 난징으로 진격하고, 다른 한 갈래는 장쑤(江蘇), 저장(浙江), 안후이(安徽)의 변경을 따라 우후를 공격해 점령한 후 북쪽으로 창장 강을 건너 난징 후방에서 정면 부대와 함께 난징을 협공하려 했다.

12월 상순, 일본군은 난징의 외곽 지역에 이르러 파죽지세로 룽탄(龍潭), 탕산(湯山), 장닝 (江寧), 춘화(淳化), 반차오(板橋) 등 난징 주변의 요지를 점령했다. 일본의 맹공격으로 중국 군의 피해는 막대했으며, 위화타이(雨花臺)가 함락됨에 따라 군대는 동요하기 시작했고, 곧 이어 난징 교외 각 군사 요충지가 줄줄이 적에게 넘어갔다.

12월 11일, 장제스는 탕성즈(唐生智) 난징 경비사령관에게 후퇴 명령을 내렸다. 13일, 일본 군은 광화먼(光華門), 중산먼(中山門), 중화먼(中華門)을 차례로 통과해 성안으로 쳐들어와 난 징 전체를 점령했다.

일본군은 난징 점령 후 간음, 약탈, 살인, 방화를 자행했고 도심 여기저기에서는 불길이 치솟아 올랐다. 일본군은 잔인무도한 대학살을 저질렀는데 중산(中山) 부두 부근에서만 남녀노소 5만 7천여 명을 집단 학살했다. 창장 강은 수많은 난징 군민의 검붉은 피로 물들여졌다.

일본군은 상하이, 난징 점령 후 계속 진격해 항저우를 점령하고 더 나아가 장쑤, 저장, 안후이의 광대하고 풍요로운 지역을 차지하려 했다. 침략의 불길이 점점 더 거세게 타올랐다.

상하이 전투는 4개월간 지속됐다. 그동안 많은 애국 군민들이 중국공산당의 항전 구호에 발맞춰 용감히 싸워 일본군 6만여 명을 무찔렀다.

또한 상하이 전투를 통해 전국 각 민족은 일치단결해 항전하려는 결심과 신념을 더욱 확고히 했다. 이후 팔로군·신사군은 적극적으로 군중을 동원하고 항일 무장 역량을 키워 일본군과 전투를 치렀으며, 많은 애국 청년들이 항일 대오에 참가했다. 전국 군민은 피와 살로 '강철의 장성'을 쌓아 일본군을 물리쳤다.